Conocer al niño
a través del dibujo

Conocer al niño a través del dibujo

Ana Salvador Alcaide
Profesora de la Universidad de Madrid

Conocer al niño a través del dibujo
© Ana Salvador Alcaide

ISBN: 84-277-0547-6, edición original publicada por
© **Narcea, S.A. de Ediciones.** Madrid, España.

Todos los derechos reservados en lengua española

Diagramación:
Miguel A. Ferreyra Cortés

Al cuidado de la edición:
Martha Cupa León
Héctor Germán Asenjo

© **2001 ALFAOMEGA GRUPO EDITOR, S.A. de C.V.**
Pitágoras 1139, Col. Del Valle 03100, México, D.F.

Miembro de la Cámara Nacional de la Industria Editorial Mexicana
Registro No. 2317

Internet: **http://www.alfaomega.com.mx**
Correo electrónico: **ventas1@alfaomega.com.mx**

ISBN 970-15-0698-7

Derechos reservados.
Esta obra es propiedad intelectual de su autor y los derechos de publicación en lengua española han sido legalmente transferidos al editor. Prohibida su reproducción parcial o total por cualquier medio sin permiso por escrito del propietario de los derechos del copyright.

Edición autorizada para venta en el Continente Americano, excepto Brasil.

Impreso en Colombia-Printed in Colombia

Contenido

PRÓLOGO 7

INTRODUCCIÓN 11

DISTINTOS ENFOQUES SOBRE EL DIBUJO 15

1. ¿Qué es el dibujo para el niño? 17
 El dibujo como juego 17
 El dibujo como medio de comunicación 19

2. ¿Qué es el dibujo para los educadores? 23
 La inteligencia 23
 La motricidad 26
 El desarrollo del sentido estético 28

3. ¿Qué es el dibujo para los psicólogos? 31
 Medio de expresión de sentimientos 31
 Medio de elaboración de conflictos 39

ETAPAS DEL DIBUJO 43

4. Evolución del dibujo infantil 45
 Etapas evolutivas del dibujo infantil 45
 Garabato 45
 El paso al realismo fortuito 46

El Realismo malogrado 47
Realismo intelectual 49
Realismo visual 53

5. *El dibujo de la figura humana: la imagen corporal* 55

QUÉ PUEDEN HACER LOS PADRES 63

6. *Fomentar el dibujo libre en la casa y en la escuela* 69

Prólogo

Si con la lectura de este libro consigo que padres y profesores se interesen por las producciones gráficas de sus hijos y alumnos, hasta el punto de que las miren y escuchen para comprenderlas, y que de ese entendimiento surja una nueva forma de comunicación llena de una riqueza desconocida, creo que me puedo sentir satisfecha, ya que se verá conseguido el título de este libro: "Conocer al niño a través del dibujo", que es el propósito general.

En el primer capítulo: *"¿Qué es el dibujo para el niño?"*, expongo en primer lugar: el dibujo como juego, dándole tanto valor para crecer y desarrollarse como el propio juego, siendo los dos, factores importantes para su equilibrio emocional. En segundo lugar: el dibujo como medio de comunicación, donde explico el valor único que tienen los dibujos, que no es comparable ni siquiera con el del lenguaje, porque este último tiene la desventaja de estar censurado, mientras que los dibujos no. Hay que aprender a comprender lo que quiere comunicar.

En el capítulo 2: *"¿Qué es el dibujo para los educadores?"*, se desarrollan los valores tradicionales que la escuela le ha otorgado: como medida de la inteligencia, de la psicomotricidad y del sentido estético, exponiendo cómo, al mismo tiempo que se favorece su desarrollo, se puede perfectamente estimular la creación, la expresividad y la libertad gráfica.

En el capítulo 3: *"¿Qué es el dibujo para los psicólogos?"*, me detengo a explicar el significado del concepto de proyección, que puede ser nuevo para los lectores, para desarrollar después la riqueza exclusiva que tiene como medio de expresión de sentimientos, indispensable para el psicodiagnóstico. Éste se basa en los contenidos y en las estructuras formales: trazo débil o fuerte, tamaño grande o pequeño, ubicación en la hoja con sus distintas significaciones. Es también un medio de elaboración de conflictos, ya que por medio del dibujo el niño se puede descargar de tensiones y obtener una relajación y éste es el valor catártico que difícilmente lo puede encontrar en otro lugar. Este valor catártico va unido al terapéutico pues en sí mismo ya lo es, por la liberación tensional, pero además es terapéutico, al formar parte muy frecuentemente de los instrumentos utilizados en la terapia, tanto de niños, de adolescentes e incluso de adultos.

En el capítulo 4: *"Evolución del dibujo infantil"* se exponen las etapas por las que todos los niños pasan al dibujar, son por tanto etapas evolutivas en las que se tienen que cumplir unos requisitos. A pesar de una necesaria igualdad en los momentos evolutivos, no existen dos dibujos iguales, porque sus autores, los niños, son seres humanos que en cuanto sujetos sociales se enmarcan dentro del enfoque bio-psico-social. En cuanto individuo único, e irrepetible, con toda su complejidad. También inmerso en su propio sistema interaccional con el ambiente. Además con su potencial de posibilidades genético-biológicas. Con su historia pasada y reciente. Con la consolidación de aprendizajes y recursos y las posibilidades abiertas de avanzar en ese camino.

En el capítulo 5: *"El dibujo de la figura humana: la imagen corporal"* se explica el concepto de imagen corporal, es decir, la concepción interna que el individuo tiene de su propio cuerpo y de sus funciones en un mundo social y físico. El dibujo de la figura humana, como la evolución general, pasa también por etapas evolutivas, que como tales tienen que incluir características iguales, para considerarlas fases, por las que pasan todos los niños. De igual manera no hay dos dibujos iguales por las mismas razones que se dan en el capítulo anterior: son seres humanos y no hay dos iguales.

En el capítulo 6: *"Fomentar el dibujo libre en la casa y en la escuela"* para conseguir que sea un vehículo de su desarrollo armónico, un medio de expresión de sentimientos y una fórmula de elaboración y resolución de conflictos. Que el niño encuentre interlocutores de su comunicación en los padres y profesores.

He pretendido con este libro nada menos que conseguir que nuestros hijos y alumnos sean individuos más expresivos, comunicativos, libres y sanos. Es sin duda una inversión rentable, con muy poco podemos conseguir mucho.

Introducción

"Aunque he observado a cientos y cientos de niños mientras dibujaban, nunca me he aburrido y hasta el día de hoy sigo maravillada por el modo en que los niños pueden expresarse y revelar sus actitudes a través de imágenes gráficas"

Elizabeth Münsterberg

Se ha escrito mucho sobre el dibujo infantil, pero con frecuencia se han olvidado o despreciado algunos de sus aspectos más importantes, con lo cual la visión que se ha dado ha sido partidista o parcial al silenciar el conjunto con toda la auténtica riqueza que conlleva.

Pedagogos, psicólogos, terapeutas, etc., han estudiado el dibujo infantil con verdadero interés, conscientes de su valor, dentro de cada uno de sus campos, pero dejando que se establecieran compartimentos aislados. Así encontramos trabajos sobre el dibujo infantil "como medio de desarrollo" o "como medio de expresión de sentimientos" o como "medio de elaboración de conflictos".

Dentro del campo pedagógico se ha puesto excesivo énfasis en su valor de desarrollo del sentido estético, de la motricidad o de la inteligencia. La escuela, por tradición, se ha ocupado casi exclusivamente de enseñar a dibujar y se ha olvidado de enseñar por medio del dibujo (dibujando). Ha antepuesto el desarrollo de lo intelectual a la afectividad y la sensibilidad.

En el terreno de la psicología se han elaborado tests de dibujo para medir la inteligencia o la personalidad. En este campo la escisión es aún mayor, pues, aparte de la diversidad de opiniones sobre si estos tests sirven mejor para medir la inteligencia o la personalidad, se llega en algún momento a negar la utilidad de ambos por los partidarios de lo "contrario". Terrible palabra, puesto que niega un valor del dibujo infantil en el ardor de la defensa de otro de sus valores.

No está tan lejos en el tiempo el momento en que, siguiendo una tendencia integradora de la psicología, se intenta unir lo que se había separado antes y se acepta que el dibujo infantil refleja el desarrollo madurativo del niño.

Aquí se incluye tanto lo intelectual como lo afectivo, partes de la personalidad del sujeto que no evolucionan cada una por su lado con independencia, sino que están tan fuertemente interrelacionadas que se ayudan o entorpecen mutuamente. Es claro que un sujeto inteligente puede hacer mejor uso de sus afectos, de la misma manera que el desequilibrio emocional puede dificultar el uso de la inteligencia, hasta el punto de llegar a bloquearla.

Por estas razones, entre tanta bibliografía que tiende a ocuparse de aspectos específicos del dibujo infantil, echamos de menos una visión integradora, útil para los que no quieren olvidarse de algunos de sus valores.

Este libro intenta recoger todos los aspectos del dibujo del niño que suponen un valor del mismo, para devolverle la unidad y el equilibrio, sin perdernos en demostraciones acerca de cuál de ellos es más importante.

Los padres cada día se interesan más por el dibujo infantil. Miran los dibujos de sus hijos, los coleccionan, los enseñan a maestros y psicólogos para interpretarlos, conscientes de que encierran mucho más de lo que parece a simple vista.

Introducción 13

Cuando el padre mira con entusiasmo el dibujo de su hijo no es porque cree que tiene en casa un futuro artista, no se interesa sólo por la estética sino también por su riqueza expresiva.

El dibujo infantil ya no se considera por parte de nadie como algo que no llega a la "perfección" del adulto, sino que se ve como una forma original de pensamiento y de expresión de emociones. Si las expresiones gráficas del adulto y el niño son diferentes es porque sus experiencias también son distintas.

A lo largo de estas páginas vamos a tratar de analizar y poner de relieve los valores que residen en el dibujo libre, que son muchos, y de incalculable importancia para el desarrollo armónico de nuestra infancia. Insistiremos en que si el dibujo deja de ser libre, estos valores se pierden, e incluso se pueden convertir en todo lo contrario. La copia, la reproducción de modelos impuestos no forman, pero sí pueden deformar o incidir desfavorablemente en este desarrollo.

Si este análisis se convierte en una apología del dibujo libre, porque lo elogia, lo justifica y lo defiende y, al convencernos de su enorme valor, nos lleva a la convicción de que debemos luchar por conseguirle un lugar de privilegio en la casa y en la escuela, habremos conseguido nuestro propósito.

DISTINTOS ENFOQUES SOBRE EL DIBUJO

1. ¿Qué es el dibujo para el niño?

Todos lo niños dibujan sin necesidad de ser conducidos a ello. El dibujo, al principio —antes de que la escuela lo convierta en una obligación— es un acto espontáneo, que surge del niño sin más influencia por parte del adulto que la de ser modelo a imitar. No es necesario decirle a un niño que dibuje, como tampoco lo es ordenarle que juegue. El niño dibuja y juega por sí mismo, de forma natural. Más aún, nos atrevemos a decir que lo necesita y el adulto tendrá aquí una tarea importante, la de proporcionarle los medios imprescindibles.

El dibujo como juego

El dibujo es para el niño un juego en primer lugar, y disfruta con él como cuando juega con sus muñecas o coches. Con estos objetos y personajes vive aventuras, sentimientos y deseos. Inventa con ellos historias en las que puede estar presente tanto su realidad como sus argumentos irreales, fantásticos e incluso imposibles. No vamos a intentar revelar lo evidente: el niño necesita el juego para crecer y desarrollarse y es un **factor importante para su equilibrio emocional**. Algo semejante sucede con el dibujo, ese gran olvidado que participa con creces de estos valores.

Por medio del dibujo el niño juega, pero juega partiendo de cero, creando él los personajes y el ambiente, no necesita transformar nada, busca en su interior y plasma en el papel: el bebé y la madre que le acuna entre los brazos, la casa y los personajes que componen la familia que en ese momento le gustaría tener, la guerra entre los buenos y los malos, con sus armas, sus heridos y sus muertos, la difícil aventura de la pesca del tiburón, y mientras lo dibuja, en muchas ocasiones, le oiremos hablar como los personajes y seguir el hilo de la historia hasta su fin.

Durante todo el proceso, es decir, desde que inventa el primer trazo, el niño ha puesto en juego sus sentimientos, sus deseos, sus emociones positivas y negativas y les ha dado salida elaborándolas. Se ha aliviado de tensiones descargando su agresividad, su amor y su odio de una forma especialmente útil y saludable: sin hacer daño a nadie, de manera que el resultado no es la frustración o el sentimiento de culpa.

Como dice COBO: "En los momentos difíciles de su vida, el niño se evade en un mundo imaginario en el que nada le impide realizar sus deseos. Las manifestaciones visibles de esta huida son las ensoñaciones, los cuentos, los juegos y los dibujos."[1]

Por medio del dibujo puede huir de sus tristezas y problemas y lo que es más importante, buscar soluciones al elaborarlas.

El niño que dibuja solo, se hace responsable de sus obras, asumiendo no sólo el resultado final sino también los elementos que lo componen, tanto lo que ha quedado plasmado en la hoja, como las emociones que se han despertado en él. Por el contrario, cuando juega con otros niños, la responsabilidad queda diluida en el grupo.

El juego se compone de gestos y cuando se termina desaparecen, pero el dibujo deja una huella que permanece y con ella la constatación de su poder creador. Probablemente sea esta su primera y más clara experiencia de creación.

---

[1] COBO, C.: **El arte infantil** en "Tribuna Médica", Núm. 813. pág. 25.

1. ¿Qué es el dibujo para el niño?

El dibujo como medio de comunicación

El niño siempre dibuja para alguien, aunque ese alguien puede ser él mismo o una persona que no esté presente y a la que a lo mejor nunca tendrá ocasión de dárselo, pero lo hizo para comunicarle, contarle algo. Pone al descubierto una parte de sí mismo, y establece un diálogo con aquellos a quienes muestra su obra.

Será diferente el dibujo que haga para su maestro, para el psicólogo o para sus padres, porque a cada uno de ellos quiere decirles cosas distintas.

Muchas veces el niño regala sus dibujos a sus padres y éstos no siempre saben apreciarlos, no descubren el mensaje que encierran. Puede ser tan doloroso para el niño un ¡qué bonito! Dicho por compromiso como el rechazo. No se trata sólo de alabar y criticar su técnica de dibujante, sino también de algo más importante: intentar **comprender lo que quiere comunicar**. Para ayudarnos a descifrarlo nadie mejor que el propio niño.

El interés verdadero de nuestras preguntas compensarán con creces el esfuerzo que el niño ha realizado, y quizás nos sorprenda la fuente tan rica de comprensión de los sentimientos de nuestro hijo que surge de este contacto, de esta relación.

Tomemos como ejemplo el dibujo de una niña de ocho años (fig. 1). A primera vista se nos aparece como un dibujo poco expresivo, en el que predominan las líneas rectas y los ángulos, y en el que no se ven figuras humanas. Parece hecho con un interés puramente formal, son contenidos, pues los elementos que lo componen se presentan como independientes: una casa, un coche, una roca, unas plantas. Todo ello nos podría hacer pensar que no contiene un mensaje, pero al preguntarle a su autora qué había dibujado, nos contestó:

Figura 1

"Es una casa de campo. En el campo está viviendo una flor que no sirve para nada, una roca que no sirve para nada. Nada nos sirve para nada".

Después de esta explicación ya no podemos verlo como inexpresivo, sino por el contrario como una manifestación de los sentimientos de la autora. A través del dibujo de figuras estáticas, de las líneas rectas y los ángulos, de la falta de vida humana y de la pobreza general, nos ha comunicado su sentimiento de inutilidad y la desesperanza de encontrar "algo" que le "sirva para algo".

Al expresar en el dibujo sus problemas y sus sentimientos, ha podido compartirlos de alguna manera con la persona a quien dio su dibujo. Ha sido una llamada, una petición de ayuda, y la comprensión que de esta relación surja, puede ser un primer paso para encontrar soluciones a sus problemas.

1. ¿Qué es el dibujo para el niño?

La comunicación siempre tiene que encontrar interlocutor, si no se convierte en monólogo, y nuestra tarea de adultos, es comprender y responder a lo que el niño nos comunica con sus dibujos.

2. ¿Qué es el dibujo para los educadores?

La escuela ha considerado fundamentalmente el dibujo como instrumento de medida, o como medio de desarrollar importantes aspectos del niño, de los cuales vamos a destacar: la inteligencia, la motricidad y el sentido estético.

La inteligencia

En la actualidad se usa con frecuencia el dibujo del niño como instrumento para medir la inteligencia. Hay pruebas gráficas en multitud de tests, y hay tests exclusivamente de dibujo. Quizás, el que hoy tiene una mayor difusión, es el test del dibujo de la figura humana de Goodenough[2], que basándose en la universalidad del tema de la figura humana, y en la existencia de unas fases evolutivas por las que pasan todos los niños al dibujarla, permite, a partir del dibujo de un hombre, medir la inteligencia del dibujante y da como resultado un cociente de inteligencia.

De aparición más reciente es el de **D.F.H.** de Münsterberg[3] Koppitz que aunque basado en el Goodenough lo mejora notablemente al integrar la afectividad. Se compone de una lista de 30 **items evolutivos,** que están en relación con la edad y la maduración y se dividen en:

---

[2] GOODENOUGH, F.: **Test de inteligencia infantil por medio del dibujo de la figura humana.** Paidós, 1971.

[3] MÜNSTERBERG KOPPITZ, E.: **El dibujo de la figura humana en los niños.** Guadalupe. 1974.

- *Esperados*, que son los que aparecen en el 86 por 100 al 100 de los niños de cada edad y sexo.

- *Comunes*, que son los que incluyen del 51 por 100 al 85 por 100 de los sujetos.

- *Bastante comunes*, que son los que dibujan sólo del 15 por 100 al 50 por 100 de los niños y

- *Excepcionales*, que se encuentran entre el 15 por 100 y el 1 por 100.

A esta valoración madurativa se añade un análisis de la parte afectiva a través de los **indicadores emocionales** y que podríamos resumir en tres apartados:

- Calidad del dibujo.

- Detalles que no aparecen habitualmente.

- Omisiones de items esperados.

A la hora de analizar los items evolutivos hay que tener en cuenta si se ajustan a la norma: deben estar todos los esperados, mejora la puntuación la presencia de los comunes, los bastante comunes y los excepcionales.

Así, al mirar el dibujo de una niña de cinco años (fig. 2) vemos que aparecen todos los items esperados para su edad: cabeza, ojos, nariz, boca, cuerpo, piernas y brazos. También están todos los comunes: cabello, pies, brazos en dos dimensiones y dedos. De los bastante comunes encontramos: piernas en dos dimensiones. No hay ninguno excepcional. Atípico sería que faltaran items esperados y aparecieran excepcionales, porque no habría una razón madurativa para explicar este conjunto de elementos. Para ello están los indicadores emocionales, que explican esta construcción de la figura humana fuera de la norma evolutiva.

2. ¿Qué es el dibujo para los educadores? 25

Figura 2

Por ejemplo si una niña de cinco años dejara de pintar ojos y manos e incluyera codos y rodillas, no lo podríamos explicar desde el punto de vista de la evolución, pues se necesita mayor maduración para integrar los dos últimos elementos que para los dos primeros, pero sí desde el ángulo afectivo. Los ojos y las manos son vehículos de comunicación y un problema en esta área puede determinar que se dibuje una figura humana con dificultades para cumplir con esta función.

La escuela que ha querido usar con provecho el dibujo del niño para detectar su evolución positiva, sus detenimientos o regresiones, no siempre ha tenido a su alcance los medios para analizar y comprender las desviaciones negativas y por tanto no ha podido acudir en ayuda del sujeto que presentaba bloqueos o regresiones. La mejor formación actual del maestro y la presencia en la escuela del psicólogo llegarán a impedir definitivamente que esto ocurra.

El maestro de nuestros días no se conforma con saber cuál es la capacidad intelectual de cada uno de sus alumnos, pues esto sólo valdría para clasificarlos, sino que, a partir de este dato se plantea el análisis de si el rendimiento escolar es adecuado o no, y si no lo es, por qué, y busca las mejores ayudas o soluciones para cada uno de ellos. En esta tarea, el dibujo de los niños le aporta una información de gran valor.

La motricidad

Para que un niño pueda hacer uso del dibujo con toda su gama de propiedades, para que se convierta en un instrumento útil, tiene que ejercitarse en todo un proceso de desarrollo de la motricidad que la escuela suele estimular.

El niño pequeño que entra en la escuela en la etapa del garabato, llegará a adquirir dominio del trazo del espacio, de las técnicas gráficas, del movimiento, irá consiguiendo una progresiva sensibilidad hacia el color, la forma y el espacio que le permitirán llegar a realizaciones más complejas como el volumen y la tercera dimensión. Pasará de los movimientos incontrolados a una coordinación altamente desarrollada, que supone una motricidad fina y un desarrollo espacial.

2. ¿Qué es el dibujo para los educadores? 27

El desarrollo psicomotor dependerá de la forma de maduración motora, en el sentido neurológico, pero también de lo que podemos llamar sistemas de referencia como el plano constructivo espacial y la evolución de los planos perceptivo-gnósico, gnosoconstructivo y corporal. En todos ellos la educación puede y debe intervenir ayudando a su desarrollo, mediante las actividades adecuadas.

El dominio de la motricidad manual en particular también depende de la maduración orgánica y al mismo tiempo de las posibilidades de ejercitar los brazos y las manos. La maduración sigue la dirección del eje vertical (central) del cuerpo hacia los extremos. Se consigue antes el control de los movimientos grandes del brazo como totalidad, para pasar al del codo y por último al de la mano y los dedos.

Los ejercicios propuestos por la escuela en este sentido han de tener en cuenta este proceso de desarrollo: los movimientos globales se controlan antes que los movimientos específicos y los primeros son necesarios y básicos para conseguir los segundos. De manera que el niño ha de ejercitarse en grandes trazos sobre superficies grandes, antes de pasar al límite que supone la hoja de papel.

La expresión gráfica evolucionada precisa de trazo fuerte, seguro y controlado, coordinación y organización de los movimientos, rapidez y ritmo, organización de la percepción, orientación y movimiento en un espacio definido, que presupone un adecuado desarrollo de la lateralidad y el conocimiento del esquema corporal.

El proceso del conocimiento del espacio es complejo: En primer lugar el niño aprende a conocer los elementos que componen su cuerpo, más tarde su inicia en las coordenadas espaciales: arriba/abajo, derecha/izquierda, delante/detrás, referidas todavía a su esquema corporal. Sólo a partir del conocimiento de su esquema corporal lateralizado podrá proyectar su saber a los objetos que le rodean: "a mi derecha", "detrás de mí", e incluir el espacio exterior más inmediato, que por otra parte es el único que tiene cierto significado para él. Más tarde será capaz de poner en relación dos objetos del espacio exterior y podrá decir: "La casa está detrás del árbol", "Ivan está a la derecha de Pedro". Por este motivo el espacio que le rodea se extiende y avanza en la forma de percibirlo.

Para que la intervención de la pedagogía en el desarrollo psicomotor del niño sea adecuada, no hace falta renunciar a la expresión gráfica libre. Poniendo como ejemplo el control del trazo, que es una de las adquisiciones en las que es necesario restringir, creemos sinceramente que se ejercita igualmente bien, si en lugar de dar al niño un contorno de dibujo para colorear, es el propio niño quien inventa la forma y luego la rellena de color. De esta manera permanece intacto el valor pedagógico de desarrollo de la psicomotricidad, y desaparece el grave inconveniente de añadir otro modelo más a imitar, otro estereotipo más, ante el que el niño se sienta incapaz de conseguir su perfección y se convierta en un límite para su expresividad creadora.

El desarrollo del sentido estético

La capacidad para la creación y la imaginación están en potencia en el niño, y aunque estemos convencidos de que estos dones son innatos y se encuentran en el niño desde que nace, no por ello podemos caer en el error de pensar que la educación no tiene que intervenir para que se conviertan en actos creativos. Por el contrario, creemos que estas aptitudes existentes potencialmente, se deben y se pueden desarrollar, si se ponen los medios necesarios. Desgraciadamente la experiencia nos demuestra que pueden quedar inservibles, inactivos u ocultos, si la pedagogía actúa sobre ellos inadecuadamente, o si le faltan los instrumentos adecuados para estimularlos y desarrollarlos.

Entenderemos por sentido estético **la capacidad para discriminar y elegir,** puesto que los cánones de belleza cambian

2. ¿Qué es el dibujo para los educadores?

con el paso del tiempo y no son iguales en todas las culturas. La norma de belleza es sociocultural, y por tanto cambiante con la moda, pero a lo largo de la historia vemos que en el arte, como en otras muchas manifestaciones de la vida, permanecen como bellas algunas de las obras del hombre, a pesar del tiempo y de los cambios de la sociedad y la cultura, mientras otras no pueden conservar este calificativo pasado el momento en que estuvieron de moda. La evolución de la historia del arte está, por otra parte, llena de momentos en que se rompieron los cánones de belleza constituidos como clásicos, para dar paso a otros nuevos y diferentes. Estos cambios fueron el fruto de individuos que tomaron una actitud ante la realidad no receptiva y conformista, que no se sujetaron pasivamente a lo ya establecido, y fueron capaces de pensar por sí mismos, desafiando a la realidad con un espíritu de crítica y rompiendo estructuras con las que no estaban de acuerdo. En definitiva, sujetos con capacidad y actitud creativas.

La intervención de la pedagogía en el campo del desarrollo estético tendrá que ir más en el sentido de estimular la capacidad creadora, que en el de imponer unos cánones de belleza absolutos, puesto que en definitiva son falsos.

Si tomamos como ejemplo el uso del color, diremos que se debe comenzar por poner al alcance del niño el reconocimiento de los colores, el goce por el simple uso del color. Más adelante las combinaciones de colores para conseguir otros nuevos, la variación en los tonos, cómo conseguir diferentes iluminaciones que permitan expresar volumen, profundidad, tamaño, calor y frío, suavidad y aspereza, etc.

Todo este proceso en el conocimiento y manejo de las técnicas, se puede conseguir sin perjudicar la espontaneidad del niño, o aún mejor, fomentándola y favoreciéndola, puesto que, cuantos más instrumentos conozca y más perfecta sea su técnica, mejor podrá organizar el espacio, las líneas, las formas y el color, y dará mejor expresión, de manera más inteligible para los demás, a sus sentimientos y pensamientos, enriqueciéndose así el valor de comunicación de la expresión gráfica y la creatividad.

3. ¿Qué es el dibujo para los psicólogos?

El interés que ha despertado el dibujo en los psicólogos queda claramente plasmado en la extensa utilización que hoy día tiene.

Vamos a centrar nuestra atención en dos campos: Por una parte su riqueza como instrumento para el psicodiagnóstico (proyectivo) y por otra parte por su valor relajante de tensiones (catártico) y curativo (terapéutico) como instrumento en psicoterapia.

Medio de expresión de sentimientos: valor proyectivo

Debemos al psicoanálisis el descubrimiento del dibujo como medio de expresión de sentimientos. Entre 1920 y 1930 los psicoanalistas extienden sus tratamientos a niños, encontrándose con el inconveniente importante de que su técnica de asociación libre de palabras perdía riqueza y utilidad con éstos, por su expresión verbal poco elaborada e inmadura.

Ya Freud había advertido que a menudo los pacientes que tenían dificultad para comunicar sus sueños solían expresar: "Podría dibujarlo, pero no sé cómo decirlo".

Pronto los dibujos recobraron un significado simbólico equivalente al de los sueños, y no sólo se utilizan hoy en el diagnóstico de niños sino también en el de adultos. Lo que empezó como un recurso, se ha convertido hoy en un elemento imprescindible en cualquier batería de tests proyectivos.

Pero, ¿qué es la proyección? Freud la definía como un mecanismo de defensa, que consiste en atribuir a otros cualidades o sentimientos que se rechazan o desconocen en uno mismo.

Hoy podemos ampliar este concepto diciendo que el sujeto percibe el mundo que le rodea de manera subjetiva e individual, y responde al mismo, en función de sus propios intereses, aptitudes hábitos, estados afectivos duraderos o transitorios, deseos, etc. Los rasgos esenciales de la personalidad pueden aparecer, se pueden proyectar, en el comportamiento.

Se suele afirmar que todo acto, expresión o respuesta de un individuo: gestos, percepciones, sentimientos, elecciones, verbalizaciones o actos motores, de algún modo llevan la impronta de su personalidad.

En este sentido podemos hablar de proyección como una exteriorización de un proceso interno, que el sujeto no siempre puede controlar conscientemente. Ante estímulos idénticos los sujetos dan respuestas diferentes, en función de sus necesidades, deseos, sentimientos, de su personalidad-global.

Aquí está la base de los tests proyectivos, que se evidencian como un medio adecuado para conocer al sujeto. El test le enfrenta con aspectos de una realidad con características poco usuales o inestructuradas y él debe responder organizándola o reorganizándola . Para ello, tiene que buscar en su interior, apelando a modelos internos. Como resultado de esta percepción y estructuración, en la respuesta pone de manifiesto, proyecta, sus configuraciones emocionales.

En el caso del dibujo hay un aspecto diferenciador con respecto a las otras técnicas proyectivas. El sujeto no tiene que elaborar un estímulo previamente objetivado, como en el caso de las

3. ¿Qué es el dibujo para los psicólogos? 33

manchas de tinta de Rorschach, o las láminas de los tests de apercepción temática. No se le presenta un material en sentido propio. Se solicita de él una tarea, una acción: dibujar, y para ello sólo se le proporcionan los instrumentos: papel y lápiz. Todo lo demás lo tiene que buscar en su interior. Se ha reducido al mínimo el elemento dado y por ello se ha aumentado al máximo lo que tiene que aportar el sujeto. De esta manera ha crecido considerablemente lo que llamamos creación, como elemento específico del dibujo. El sujeto parte de una hoja en blanco y, buscando en su interior, creará la situación, los personajes, o la historia, que serán proyección de su personalidad.

En el dibujo como técnica proyectiva, se le pide al sujeto que dibuje una persona, una familia, una casa, un árbol, un animal, etc., pero nunca se determina a priori qué tipo de persona ha de dibujar. Queda a la elección del sujeto la edad, el sexo, el tamaño, las características formales y estructurales de la figura humana. De manera que, entre la enorme cantidad de personas que conoce, seleccionará y dará como respuesta "su persona" que será una proyección de su imagen corporal y del concepto que tiene de sí mismo.

En el test de la familia tendrá que elegir los miembros que la componen, la valoración o desvaloración de cada uno de los personajes, el orden de los dibujos y la ubicación en el papel (cerca de, lejos de, en medio de, separado de), el ambiente familiar cálido y afectuoso o frío y hostil. A través de todo ello proyectará el sentimiento que tiene de su propia familia, de las relaciones familiares y los conflictos que en ellas se plantean, y cómo se siente él dentro de la familia como grupo y en relación con cada uno de sus miembros.

De la misma manera, el dibujar la casa, o el árbol dará como resultado "su imagen de casa" o "su imagen de árbol", que serán únicos como único es el sujeto. No hay dos dibujos idénticos porque no hay dos individuos idénticos. No tendrá el mismo significado un arbolito vencido por el viento, que un roble de frondosa copa —cuyas ramas se extienden seguras hacia el espacio que le rodea—, o el árbol desnudo del invierno cuyas ramas terminan en puntas afiladas como pinchos, La interpretación proyectiva del dibujo de una casa bonita y adornada, con las ventanas abiertas hacia el exterior y con una estructura sólida, no será la misma que la de otra que tenga parches en las paredes, o refuerzos en los muros, o cuya puerta quede por encima de la línea del suelo y se añadan rejas a sus ventanas.

También el dibujo libre se utiliza como técnica proyectiva y aquí la consigna pide al sujeto que dibuje lo que quiera, sin ninguna condición. No queda determinado a priori el tema como en los casos anteriores, de forma que la libertad es completa.

Hay un elemento proyectivo de primer orden, común en todas las técnicas gráficas que independientemente de la consigna que se haya formulado y de los contenidos resultantes da una útil información en todos los casos; y es que es exclusivo de los dibujos que podríamos denominar siguiendo a Corman[4] como "plano gráfico".

En el **plano gráfico** se incluyen: el trazo, el tamaño y el emplazamiento.

Todos los autores están de acuerdo en que el **tipo de trazo** es revelador de la personalidad del dibujante.

Así el trazo débil, que apenas deja huella en el papel, y entrecortado, sería propio de sujetos con pulsiones débiles y podría indicar suavidad, timidez, inhibición de los instintos, inseguridad e incapacidad para afirmarse.

Por el contrario, el trazo fuerte y amplio que se manifiesta por su grosor y por la marca que deja en el papel (pudiendo llegar a romperlo) es revelador de fuertes pulsiones y liberación instin-

---
[4] CORMAN, L.: **El test del dibujo de la familia.** Kapelusz, Buenos Aires, 1967.

3. ¿Qué es el dibujo para los psicólogos?

tiva y sería propio de sujetos audaces, seguros e incluso violentos.

El **tamaño** de los dibujos está en parte condicionado por el de la hoja de papel, y a la hora de decidir si es un dibujo grande o pequeño, tendremos que fijarnos en ello. Pero hay figuras que son pequeñas o grandes a pesar del tamaño del papel.

Este tamaño relativo tendría el significado de poner en relación a la figura dibujada con el espacio que la rodea, con el ambiente. Así un tamaño adecuado de la figura, nos hablará de un sentimiento de adaptación al ambiente.

Las figuras pequeñas que dejan mucho espacio blanco sin ocupar, transmitirán sentimientos de debilidad, insignificancia e inferioridad. Por contrapartida las figuras grandes que ocupan gran parte de la página hablarán de expansión vital, fortaleza y seguridad. Pero hay que tener en cuenta que las situaciones extremas pueden deberse a conductas reactivas, y no es raro encontrar dibujos enormes, que ocupan la casi totalidad del espacio blanco, cuyos autores son sujetos con miedo a lo que les rodea; ocupando así la hoja no queda lugar para el objeto de su temor.

El sector de la página que el sujeto elige para dibujar tiene significado en relación con el simbolismo de las coordenadas espaciales en nuestra cultura.

Arriba y abajo, alto y bajo, elevado y rastrero, nos hablan de la calificación que nuestra cultura ha dado a los extremos de la coordenada vertical. El cielo arriba y el infierno abajo han marcado su valoración. Así decimos que "es una persona de alta cuna", "de elevados sentimientos", "que ha subido de categoría", "hundido en la tristeza", "sumido en la desesperación", "abatido", etcétera.

Esta misma categorización ha llegado al cuerpo humano, añadiéndose a la valoración de la inteligencia, como factor más di-

Figura 3

ferenciador del hombre con respecto al animal, ubicándola en la cabeza, el extremo superior del cuerpo humano, en compañía de la imaginación y la fantasía, mientras que los instintos parecen residir en la parte baja del cuerpo.

Los dibujos que ocupan solamente el sector superior de la página, son propios de sujetos imaginativos, con tendencia a la fantasía, y que, por contrapartida, pueden no tener los pies sobre la tierra, que huyen de la realidad a través de la idealización y el ensueño (fig. 3). Este dibujo muestra con claridad este simbolis-

3. ¿Qué es el dibujo para los psicólogos?

mo. Vemos cómo en la figura dibujada, la cabeza está valorada por un excesivo tamaño con relación al cuerpo. Está ubicada en el sector superior de la hoja, y parece flotar en el aire, pues sus piernas y pies, curvados y débiles, no parecen servir para apoyarse en el suelo y para sustentarlo con firmeza. El autor de este dibujo, un muchacho de nueve años, había huido de una realidad que le resultaba demasiado penosa y se había refugiado en un mundo propio de imaginación y fantasía.

El sector inferior de la página será el preferido por los tristes y deprimidos (la tristeza y la depresión **pesan** como una losa y **hunden** al individuo que la padece, impidiéndole **levantar el ánimo**). También estaría ocupado por los instintos más primitivos de conservación de la vida, como el alimento y la seguridad.

La coordenada derecha-izquierda, también está marcada por elementos culturales. La escritura y la lectura occidentales, tienen una dirección de izquierda a derecha. Se parte de la izquierda y se avanza hacia la derecha. Ir en sentido inverso significa retroceder. Hay que tener en cuenta que ésta será la dirección natural de los diestros, no así de los zurdos, a quienes les cuesta bastante, en este campo como en tantos otros, habituarse al mundo de los diestros.

El espacio gráfico horizontal está determinado por este simbolismo y así el sector izquierdo de la página se considera como la zona del pasado y el derecho como la del futuro.

Los dibujos que ocupen sólo el espacio de la izquierda pueden hablar de tendencias regresivas y de miedo al porvenir. Porque no podemos olvidar que las partes de la hoja que quedan en blanco se consideran zonas de prohibición. En la figura vemos que la persona dibujada está extraordinariamente pegada al límite izquierdo de la página, dejando en blanco todo el resto del espacio gráfico horizontal. En este muchacho la tendencia regresiva era acusada y se combinaba fácilmente con su miedo a la realidad. Buscaba refugio en la fantasía y de esta manera tam-

38   Distintos enfoques sobre el dibujo

Figura 4

3. ¿Qué es el dibujo para los psicólogos?

poco progresaba en lo que podríamos llamar su crecimiento. Al estar ausente se había detenido su aprendizaje y su evolución.

La niña que ha dibujado este hombre (fig 4) que construye delante una tapia de ladrillos es la autora de la figura 1. Este dibujo nos muestra una figura humana pequeña —ocupa menos del 4 por 100 del espacio gráfico— rodeada por un inmenso espacio blanco. Esta relación nos vuelve a hablar del sentimiento de inutilidad, insignificancia e inferioridad que la niña tiene. ¿Con estos sentimientos se puede enfrentar con el esfuerzo que supone avanzar hacia el futuro, creciendo y aprendiendo? Se refugia en el pasado (sector izquierdo de la página) y para evitar su miedo al porvenir está construyendo un muro de ladrillos que le asegure el refugio. El trazo es muy débil aunque aquí no se perciba.

A la hora de dar una interpretación proyectiva al dibujo habrá que tener en cuenta todos estos elementos, tanto los contenidos, como el trazo, el tamaño y el emplazamiento, pues todos ellos aportan una valiosa información que no podemos despreciar.

Medio de elaboración de conflictos: valor catártico, valor terapéutico

El dibujo es una de las manifestaciones de la capacidad creadora del niño más claras y evidentes. A partir de la hoja en blanco, el niño crea personajes, objetos, animales, los pone en relación creando un ambiente, una actividad. Proyecta en su dibujo sentimientos de amor y de odio, de agresividad, de comunicación cálida y de abandono.

Estos sentimientos no siempre pueden expresarlos en la conducta, pues serían en muchas ocasiones censurados, castigados, y se volverían contra el sujeto en forma de reproches del adulto y de sentimientos de culpa.

El juego no siempre puede cumplir esta función, a no ser aquel en el cual las reglas son hacer "como si" (ahora hacíamos "como si", "tú te morías porque yo te había clavado una espada en el corazón", o jugando a los padres y a las madres, el que toma la figura de la autoridad castiga al hijo "malo" y lo echa de su casa para siempre). En la actividad lúdica es más difícil controlar el daño real.

El dibujo posee la cualidad de permitir expresar los sentimientos más negativos, más cargados de censura, o más positivos, o más irreales, sin el miedo a hacer daño, a parecer ridículo, o a estar en las nubes. Al poder sacar todo este cúmulo de sentimientos, que por otros medios es difícil, peligroso, o imposible, el niño se descarga de las tensiones que le producen y se relaja. El valor de catarsis, de relajación que posee el dibujo difícilmente lo encontramos en otro lugar.

En la actualidad, el dibujo ocupa un lugar de privilegio en las psicoterapias de niños, y poco a poco se va extendiendo su uso a los adolescentes y a los adultos. La base fundamental es su valor terapéutico.

A través de la creación gráfica, el sujeto expresa sus sentimientos. Pero hay algo más, da una respuesta que le permite dominar una situación difícil y no quedar sometido a ella. Le sirve para crear situaciones y a partir de ahí, al elaborarlas, aprender a dominarlas. Al reproducir una situación importante, conflictiva, podrá vencer progresivamente la angustia y la ansiedad que traen aparejadas, buscando soluciones hasta encontrar la más adecuada.

Pongamos por ejemplo el niño que siente celos por el nacimiento de un hermano pequeño. Al dibujar una familia tiene una gran variedad de posibilidades: en primer lugar puede pintar la familia y no incluir en el dibujo al hermano pequeño. Esta no es una solución para el problema, pues negando la realidad sólo consigue ilusionarse durante un rato con la realización y contemplación de una madre y un padre que se dedican en exclusiva a él. Si no hay rival, no puede haber rivalidad. ¿Sólo ha

3. ¿Qué es el dibujo para los psicólogos?

servido para olvidarse durante este tiempo del motivo de sus celos? Seguramente para algo más, ha comprobado que los padres le quieren "sin hermano".

Un paso más será aceptar lo inevitable, el hermano existe y esta presencia rival despierta en él unos sentimientos agresivos contra el culpable de la pérdida del amor exclusivo de los padres. Puede ahora pintar una familia en la que el recién llegado resulte muy desvalorizado: feo, incompleto, desproporcionado, alejado de los padres pintándolo en un rincón del papel. Este dibujo ha servido para descargar de manera socialmente aceptada su agresividad y para buscar una solución más realista a su conflicto. El hermano está incluido, pero es alguien despreciable que no tiene valor.

Son sentimientos agresivos que el niño no puede evitar y que seguramente no debe evitar.

Otra posibilidad es pintar una familia con un solo hijo, el pequeño. En esta opción hay dos variables: el sujeto se ha identificado con su rival. Convirtiéndose en pequeño conseguirá quedarse con las atenciones que su hermano recibe de los padres. El es su hermano pequeño, el que ocupa un lugar de privilegio cerca del amor y la dedicación de los padres. Habrá que analizar el dibujo para no confundirlo con el del niño, que dando por vencida la batalla, abandona su puesto en la familia, no se incluye, deja al pequeño que se adueñe de todo. En los dos dibujos el único niño presente es el pequeño, pero mientras la primera opción solamente es regresiva, la segunda es fruto de un sentimiento depresivo que inutiliza al sujeto para seguir buscando la solución.

Siguiendo el complicado proceso de elaboración de su conflicto de rivalidad fraterna, surgen inevitablemente en el sujeto amargos sentimientos de abandono y de angustia por la pérdida de amor. El niño no puede soportar las atenciones que su hermano recibe porque siente que eran suyas. Puede quedarse con ellas dibujando una familia con dos hijos (mayor y pequeño) en la que los papeles estén invertidos. Él es el pequeño, y su hermano es el mayor. Es una solución regresiva, que muchos niños adoptan también en la conducta: vuelven a mojar la cama, comienzan a hablar mal, quieren que se les dé la comida, etc. Pero es un avance en la aceptación de la presencia del recién nacido.

Podrá aún conseguir elaborar mejor sus sentimientos. Un dibujo de la familia en el que el pequeño ya no está desvalorizado en exceso, que ocupe el lugar que le corresponde: el más pequeño, el último, y en el que el sujeto esté valorado como hijo mayor, más importante, mejor dibujado, más grande y cerca de los padres, le ayudan a encontrar la mejor solución; ser mayor para reencontrar así el lugar de privilegio en el amor de sus padres que ya creía perdido.

ETAPAS DEL DIBUJO

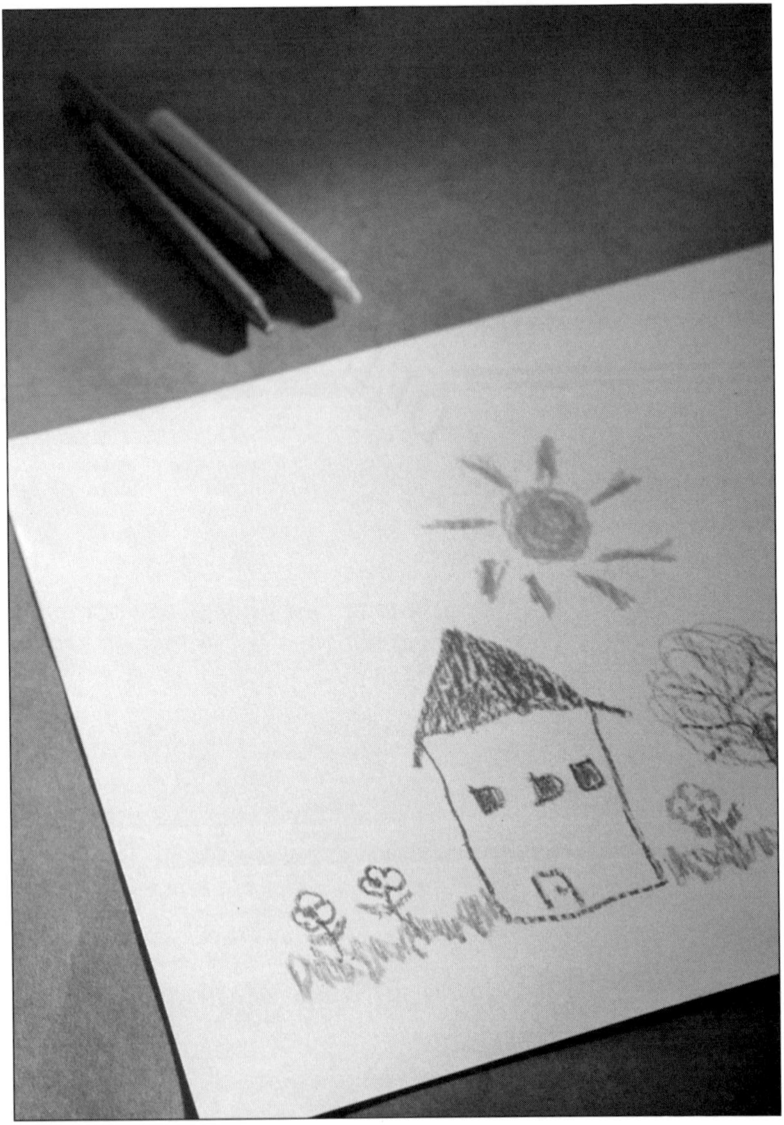

4. Evolución del dibujo infantil

Todos los niños de todas las culturas cuyos adultos dibujan, dibujan también, y es interesante ver cómo todos ellos pasan por las mismas etapas en la evolución de sus dibujos.

Un recorrido por estas fases evolutivas de la mano de Luquet[5], fuente clásica de este tema, nos va a ayudar a entender los dibujos de nuestros hijos para ser capaces de estimularles sin caer en errores que pueden llevarles a no disfrutar de este medio de expresión.

Queremos aclarar que, aunque todos los niños pasan por estas etapas en edades parecidas, no hay dos individuos que hagan una evolución idéntica. Son fases no estrictamente delimitadas que a veces se superponen, pues se avanza o se retrocede en el proceso. Varían en el momento de la aparición, por su duración e incluso por la claridad con que se manifiestan. Al igual que cada niño pasa del balbuceo a la palabra, del gateo al caminar en "su momento", también evoluciona en los dibujos en función de las características del propio individuo y las del ambiente que le rodea.

Etapas evolutivas del dibujo infantil

GARABATO
El niño comienza a dibujar y no pretende al principio hacer una imagen, sino que lo único que quiere es hacer líneas. Como

---

[5] LUQUET, G. H.: **El dibujo infantil**. A. Redondo, 1972.

en tantas otras manifestaciones, el niño llega al dibujo por imitación de los adultos. Imita para hacer "como los mayores". Todos hemos visto a los niños pequeños intentar imitar la escritura y quedar encantados ante una hoja llena de garabatos horizontales. Esta imitación, en los comienzos de su producción gráfica, no es un medio sino un fin. El niño comienza a hacer trazos porque su ejecución le procura la constatación de poseer una poder creador que le iguala a los adultos.

Durante este período puede realizar formas elementales, pero no por ello la forma se halla en relación con el objeto. Lo que el niño pretende haber representado en sus garabatos no tiene la menor concordancia. La búsqueda de una similitud de forma entre la imagen y el objeto modelo es una exigencia de la cual sólo adquirirá conciencia más tarde, cuando se haya vuelto gradualmente capaz de separarse de ellos y comparar el uno con el otro como distintos y similares a la vez.

Esta obra involuntaria, que para el adulto puede ser insignificante, es para el niño el producto de su actividad, una manifestación de su personalidad, una **creación**. La conciencia que toma de poseer un poder creador le realza en su propia estima y es la fuente de un placer que le llevará a repetirlo.

Es importante estimularle en esta primera etapa, tan poco valorada por el adulto. ¿Por qué si los padres se entusiasman con la emisión de los primeros balbuceos, con los primeros pasos, no ocurre lo mismo con los primeros garabatos? Tanto unos como los otros se parecen poco al lenguaje, al caminar o al dibujo de los adultos. Probablemente se trata de lo que veníamos diciendo desde el principio, no se reconoce todo el valor que el dibujo tiene en la vida del niño.

EL PASO AL REALISMO FORTUITO

El niño ha visto imágenes en los cuentos, en la televisión, periódicos y revistas, sabe reconocer lo que representan, sabe incluso que hay trazos que se parecen a un determinado objeto.

4. Evolución del dibujo infantil

Ha visto dibujar delante de él a otros niños y a adultos y se ha dado cuenta de que los mayores poseen el poder, no sólo de trazar toda clase de líneas, sino incluso de hacer dibujos propiamente dichos. A partir de este momento parecería lógico que la tendencia a la imitación le llevara a intentar hacer dibujos, pero durante algún tiempo, el niño que ha llegado a esta conclusión continúa con sus líneas simples sin intención figurativa, porque aunque reconoce esa facultad en los otros, no cree poseerla él.

Pero llega un día en que el niño ve una analogía entre uno de sus dibujos y un objeto real, es un hecho fortuito que no se repetirá inmediatamente, que le llena de alegría y le hace darse cuenta de que él también puede realizar dibujos que se parecen a algo. De aquí parte su tendencia a dar una interpretación a todos sus dibujos. Interpretación en extremo fluctuante puesto que los dibujos hechos sin intención figurativa pueden parecerse tanto a una cosa como a otra, pero el niño decidido a encontrar un parecido podrá ver en él la representación de cualquier cosa.

El paso de la producción de imágenes involuntarias a la de imágenes voluntarias se hace por el intermedio de dibujos en parte involuntarios y en parte queridos.

EL REALISMO MALOGRADO

En este momento el niño ha llegado a lo que podríamos llamar dibujo propiamente dicho, cuando coge una hoja y unos lápices tiene en la mente lo que quiere dibujar antes de ponerse a ello. Ya no es trazar líneas a ver qué sale, ahora hay intención figurativa previa al dibujar.

Los dibujos de los niños tienen una característica fundamental: el realismo; los dibujos son mejores para él cuanto más se parecen al objeto representado, pero para alcanzar este parecido se va a encontrar en esta etapa con serias dificultades.

El primer obstáculo es de orden puramente físico. Aún no sabe dirigir y controlar sus movimientos gráficos. Si nos explica con gestos y palabras lo que quiere dibujar, vemos que la imagen mental es clara y correcta, pero no le sale el dibujo porque le falta habilidad gráfica.

Otro obstáculo, de orden psíquico es la discontinuidad de la atención. Es habitual que aún conociendo todos los detalles del objeto no los ponga, pues se olvida de algunos, absorto y emocionado en la realización de otros que en ese momento son más importantes para él. Mercedes que a los cuatro años hacía figuras humanas femeninas completas: ojos con pupilas, cejas y pestañas, nariz con orificios, boca en dos dimensiones, orejas, cabellos (siempre largos), cuello, esbozo de hombros, tronco con ropas y extremidades, poco tiempo después dibujaba niñas con bastante poco cuidado, olvidando elementos que conocía, casi como un boceto, y cuando llegaba a los pies, dedicaba con esmero más tiempo que el que le había llevado del resto del dibujo a hacer los zapatos con tacón (fig. 5). Estuvo así un tiempo hasta que consiguió lo que ella quería y entonces centró su interés en las uñas de los dedos de las manos.

Es decir, la importancia que para el niño tiene un elemento en un momento determinado le hace olvidarse de otro. En este momento el padre o maestro que observa al niño dibujar no debe pensar que hay una regresión, que algo que ya pintaba muy bien cada vez lo hace peor, sino que está avanzando y tiene que dedicar toda su atención y esfuerzo al elemento nuevo que quiere integrar en el objeto.

Estas dificultades clásicas de esta etapa se manifiestan sobre todo en la falta de proporciones de los elementos del dibujo. Es muy frecuente ver dibujos que son "todo manos", "todo cabellos". Ante una figura humana que tiene el cabello más largo que las piernas podemos pensar que se debe a la torpeza gráfica, o a la importancia que en este momento tiene el cabello de las personas para ese niño.

Figura 5

REALISMO INTELECTUAL

Una vez superadas las dificultades de control del trazo, el realismo del dibujo infantil aparece con toda su amplitud. Es un realismo que no es igual al del adulto; mientras para éste debe ser como una fotografía del objeto, para el niño ser parecido es contener los elementos reales **aunque no sean visibles**. Porque si un elemento es importante, saldrá en el dibujo aunque para ello tenga que usar dos procedimientos comunes en esta fase: la transparencia y el abatimiento.

Podemos saber que el señor que acaba de dibujar el niño ha comido lentejas, porque están pintadas en el vientre, y la piel y la ropa se han hecho transparentes para dejar que se vean.

Las casas también tendrán las paredes transparentes para dejar ver enseres y habitantes. A través de la cáscara del huevo se verá el pollito que está dentro, o el hermano que va a nacer a través del cuerpo de la madre.

Si el niño quiere dibujar un camino bordeado de árboles por el que circula un coche, abatirá los que no lo dejarían ver. En la representación gráfica del coche (fig. 6) están presentes los elementos que para el niño son importantes, se ven las cuatro ruedas, las cuatro ventanillas y los dos faros, en virtud del abatimiento.

Las figuras humanas (fig. 7) también tienen características especiales con la mezcla de perspectivas, veremos la cabeza de per-

Figura 6

4. Evolución del dibujo infantil   51

Figura 7

fil, cuerpo y brazos de frente, piernas de perfil. O cabezas cuya nariz está de perfil y el resto de frente, o perfiles con dos ojos.

Las observaciones que el adulto tiende a hacer en este sentido para corregir los "errores" son contraproducentes y lo único que consiguen es ir cortando poco a poco la espontaneidad o lo que es más importante: la capacidad para expresarse con libertad, ayudándole a convertirse en pasivo espectador.

Lo mismo ocurre con el empleo del color. Hay toda una serie de estereotipos del color, igual que de la forma, y el adulto se siente intranquilo cuando el niño no pinta el cielo azul, los árboles verdes, los tejados rojos. Ante esta situación tan común en casa y en la escuela, de rectificar el uso del color, nos proponemos una reflexión: ¿De qué color es el cielo? Azul, gris, violeta, rojo, naranja, rosa, amarillo... Podríamos seguir nombrando colores, los árboles tampoco son siempre verdes, ni los tejados siempre rojos. Esto lo sabe el adulto, pero le pide al niño que se estereotipe y más tarde se lamentará de ello. ¡Cuántos profesores se ven impotentes ante el hecho de que sus alumnos hacen dibujos estereotipados antes de los ocho años! ¡Cuántos se quejan de la falta de espontaneidad y de imaginación creadora, no sólo en la expresión artística, sino en todas las manifestaciones de la vida escolar! "Estos niños sólo saben copiar", "repiten como papagayos, sin entender lo que dicen", "no son capaces de hacer un trabajo personal, buscan libros de dónde copiar". ¿Quiénes son los responsables? Decididamente no son los niños. Todos, padres y educadores, debemos aceptar nuestra parte de responsabilidad.

Tampoco está el origen sólo en el tratamiento inadecuado de la expresión artística del niño, sino en las relaciones adulto-niño.

Ante el miedo de que el niño se haga daño o corra peligro, se le prohíben actividades que le ayudarían a descubrir el mundo, pero ¿cuántos de esos peligros se pueden evitar si la casa está puesta para el niño y no en contra del niño, y si el adulto le dedicara su atención protegiéndole?

4. Evolución del dibujo infantil 53

Cuando el niño pregunta, no siempre estamos dispuestos a responder de forma que le estimulemos a seguir preguntando (expresando nuestro interés por sus opiniones), y en demasiadas ocasiones hemos contado su deseo de conocer y descubrir por sí mismo. Algunas veces somos conscientes de ello y podemos encontrar justificaciones: número de alumnos en el aula, inoportunidad del niño, cansancio, etc., pero otras no...

REALISMO VISUAL

Es el propio éxito de la síntesis, lo que lleva al niño, después de haber inventado el realismo intelectual como medio de representación gráfica, a abandonarlo espontáneamente y cambiarlo por un realismo visual. Este cambio suele aparecer entre los 8-9 años aproximadamente, aunque hay grandes diferencias individuales.

Los dibujos se ven ya desde un único punto de vista. La transparencia deja paso a la opacidad, se suprimen los detalles no visibles del objeto.

El niño se sujeta a la perspectiva visual y por tanto desaparecerán el abatimiento y las mezclas de perspectivas. Comienza a realizar dibujos en tres dimensiones con lo cual la lejanía achicará los objetos y la cercanía los agrandará.

Durante un tiempo convivirán en el dibujo infantil elementos de las dos etapas, pero a los ojos del niño los elementos de realismo intelectual se verán como errores. En un momento en que su sentido crítico es muy grande, y en el que puede caer en normas rígidas que coarten su libertad creativa y expresiva, al exigirse una similitud con la realidad. Pero paralelamente al realismo visual, el niño descubre poco a poco las cualidades de la materia, del color y el poder expresivo de la forma, y estos descubrimientos apoyados y estimulados por el adulto, le permitirán seguir disfrutando con sus producciones gráficas y no renunciar porque "no sé dibujar" como hicimos muchos de nosotros entonces y siguen haciendo muchos de nuestros niños hoy.

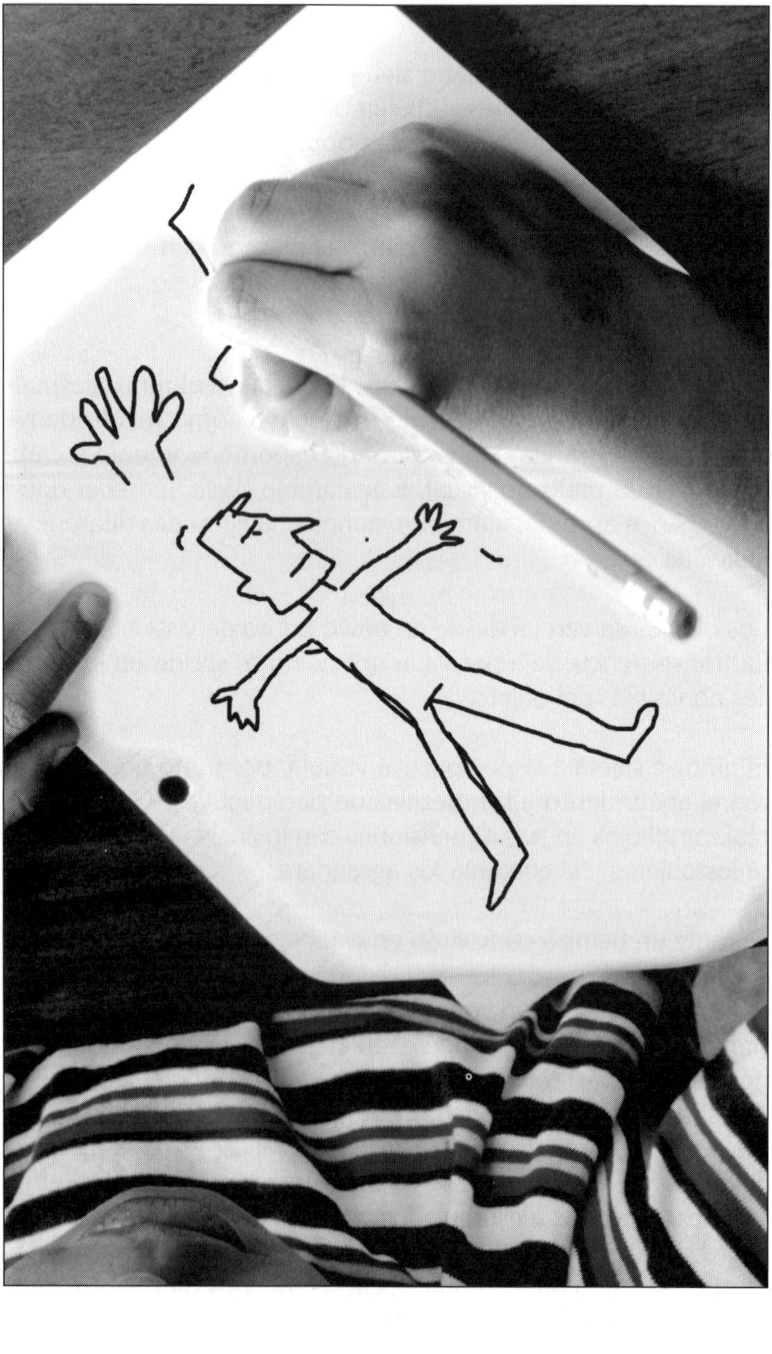

5. El dibujo de la figura humana: la imagen corporal.

Todos los autores que han estudiado el dibujo infantil, están de acuerdo en que el tema preferido por los niños de todas las culturas, es la figura humana. La dibujan antes que otros objetos, con más frecuencia y a lo largo del tiempo.

Basándose en esta universalidad del tema, se han hecho estudios para seguir la evolución de este dibujo, llegándose a afirmar que todos los niños pasan por unas etapas en la realización gráfica de la figura humana y que estas fases están en relación con la edad y la maduración.

Habría que añadir algo de vital importancia: al dibujar la figura humana se expresa la **imagen corporal**, es decir, la concepción interna que el individuo tiene de su propio cuerpo y de sus funciones en un mundo social y físico. Como dice Machover[6], la forma en que está dibujada la persona no depende sólo del grado de inteligencia o de la aptitud artística, sino que en ella influyen factores afectivos y el equilibrio de la personalidad total.

Cada uno de nosotros posee una imagen de sí mismo, una imagen del tipo de persona que es. Dicha imagen proviene en principio del propio cuerpo, punto central de las experiencias, de las sensaciones que a lo largo de su vida ha ido experimentando: dolores, placeres, etc.

---

[6] MACHOVER, K.: **La proyección de la personalidad en el dibujo de la figura humana**. La Habana Cultural.

También lo conoce por sus funciones, por los usos que dio a cada elemento de su cuerpo, por su utilidad.

Por último, y no por ello menos importante, el elemento social. Es la sociedad la que impone las normas, la que dicta lo que es bueno o malo, lo que es bello o feo, lo que es normal o anormal, lo permitido y lo prohibido.

El niño desde muy pequeño va interiorizando estas normas y cuando se mira al espejo se mide, se compara con la norma, se ve guapo o feo, normal o anormal, influido por las observaciones y opiniones que ha ido recibiendo en su contacto con los demás. El ambiente sociocultural que le rodea ha dado un valor a cada uno de los elementos de su cuerpo y al todo, calificándolos como positivos o negativos y el niño no es capaz de eliminar esta influencia.

Aún hay más, como dice Boutonier[7], el niño sólo se siente humano y se reconoce como tal entre semejantes. Si las relaciones afectivas del niño con los otros seres humanos, sobre todo con aquellos que componen su círculo familiar y de los que depende estrechamente, le devuelven una imagen de sí mismo amada y comprendida, el niño sabrá ver sus aspectos positivos y negativos, dando como resultado figuras humanas completas y armoniosas.

Por el contrario cuando estas relaciones son poco satisfactorias por falta de amor y comprensión la imagen corporal que proyecta en sus dibujos es desorganizada, desvalorizada y hasta monstruosa.

Para Boutonier la fuente común que inspira todos esos dibujos semejantes de figuras humanas es el niño mismo. Su intención gráfica es la expresión de su ser. Lo que sabe o lo que siente del ser humano es en primer lugar él mismo.

---

[7] BOUTONIER, J.: **el dibujo del niño normal y anormal**, Paidos. Buenos Aires, 1968.

5. El dibujo de la figura humana: la imagen corporal.

El primer dibujo de una figura humana comprensible e identificable como tal para el adulto es el dibujo de un rostro (círculo) probablemente con ojos y boca. (fig. 8)

Figura 8

Hacia los tres años aparece el llamado "hombre renacuajo": a la forma redonda se le añaden rayas en distintas direcciones que representan a las extremidades. En este momento el niño empieza a ser consciente de su autonomía e independencia, es dueño de sus desplazamientos, sabe gobernar la manipulación de los objetos y sabe oponer su voluntad a la de los otros. Los padres saben por experiencia que no hay nada más terco en este mundo que un niño en la época del "no". Es decir, en este momento el niño ha integrado en la imagen corporal primera (rostro) un elemento nuevo, las extremidades, porque se ha hecho consciente de su importancia. (fig. 9).

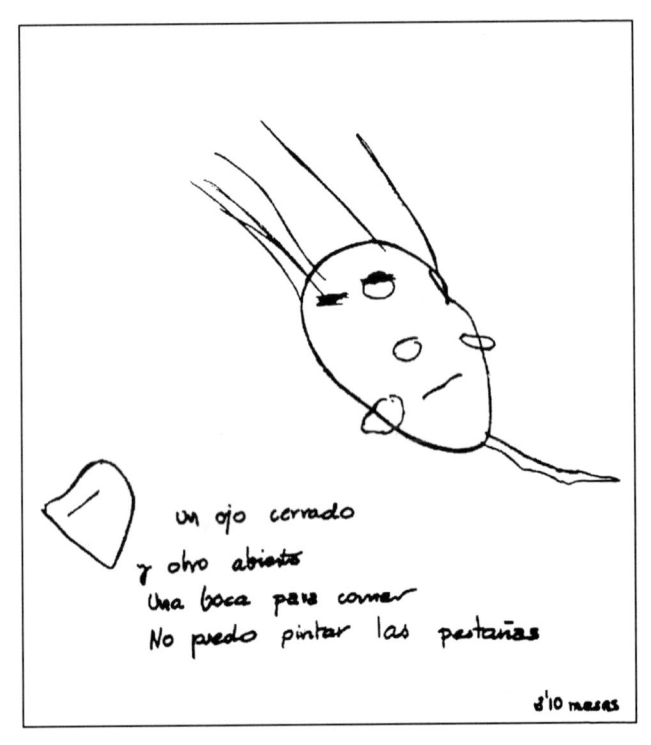

Figura 9

(Notas en el dibujo:)
Un ojo cerrado
y otro abierto
Una boca para comer
No puedo pintar las pestañas

3'10 meses

La evolución sigue añadiendo detalles: manos, pies, orejas, cabello, etc., según la importancia que para cada niño vayan teniendo estos elementos, pero sin que se corrija la distinción cabeza-tronco. Es decir, se va diferenciando el círculo inicial como cara, mientras que el tronco hace su primera aparición como vacío, en el espacio que queda entre los rasgos verticales que representan a las piernas. A veces se ocupa este espacio con botones o con colores, pero no por esto se cierra (figs. 10 y 11).

La aparición de los dedos de las manos, en número correcto y en doble dimensión, suele coincidir con la entrada en la escuela, donde el niño recibe la exigencia de utilizar las manos con mayor precisión. De esta manera se fija en ellas por su utilidad y las integra en su imagen corporal.

5. El dibujo de la figura humana: la imagen corporal. 59

Figura 10

Figura 11

Figura 12

El tronco aparece cuando el niño entra en el proceso de identificación sexual. Se interesa por las diferencias entre hombre y mujer, y las constata en su dibujo fundamentalmente a través de la ropa y del cabello (fig. 12). Son muy raros los dibujos de órganos sexuales, pues la censura en este terreno sigue siendo importante.

El cuello suele aparecer hacia los siete años, momento evolutivo de gran importancia. El niño empieza a ser capaz de comprender el punto de vista de los demás. Entra en lo que tradicionalmente se había llamado "la edad del uso de razón", y que significa realmente que ya no se puede portar como un niño pequeño, pues se espera de él que controle sus impulsos cada vez más y se manifieste como mayor. Ese control de los impulsos se representa gráficamente por la inclusión del cuello en la figura humana, como si fuera el filtro de las emociones más espontáneas (localizadas en el cuerpo) hacia la razón (localizada en la cabeza).

5. El dibujo de la figura humana: la imagen corporal.

Los sujetos con problemas de control de los impulsos suelen expresarlos dibujando cuellos excesivamente anchos, estrechos, cortos o largos con refuerzos en su contorno o con su ausencia del dibujo.

Hacia los diez años, en el período que se ha llamado de latencia, en el que el yo se expansiona y se valora la adaptación social, se madura la imagen del cuerpo. Las personajes se vuelven más representativos, se liman las desproporciones, y en general todos los elementos están ya integrados armoniosamente en la imagen corporal.

En la adolescencia, con la crisis de identidad se acentúa la sensibilidad y la crítica con respecto al propio cuerpo y pueden aparecer estados regresivos transitorios. La rapidez del crecimiento, la impetuosidad de los nuevos impulsos sexuales, los problemas que trae consigo el paso del mundo infantil al de los adultos en nuestra cultura, donde el adolescente se encuentra desarraigado, pues no pertenece ya a su infancia y no ha llegado todavía a la madurez que le abre la puerta del mundo de los mayores, le hace entrar en crisis con su propio cuerpo.

Dejamos a los adolescentes en "tierra de nadie" y nos sorprendemos por su malestar. Todos estos factores influyen en el desequilibrio de la imagen corporal que nos muestra el adolescente en sus dibujos. Encontraremos con frecuencia: dibujos infantiles, figuras humanas de espaldas, con los ojos cerrados, incompletas, sombreadas o evitando el núcleo principal de su problema, representando dibujos en que sólo aparece la cabeza.

Pasada la adolescencia, los dibujos reflejarán una imagen del cuerpo de nuevo completa y armoniosa.

En resumen, el ser humano irá integrando los distintos elementos de su imagen corporal en función, no sólo del conocimiento que de ellos tenga, sino también de la importancia y significado con que aparecen en cada etapa de su vida. Proyectará ese sentimiento que tiene de sí mismo a través de los dibujos de la figura humana.

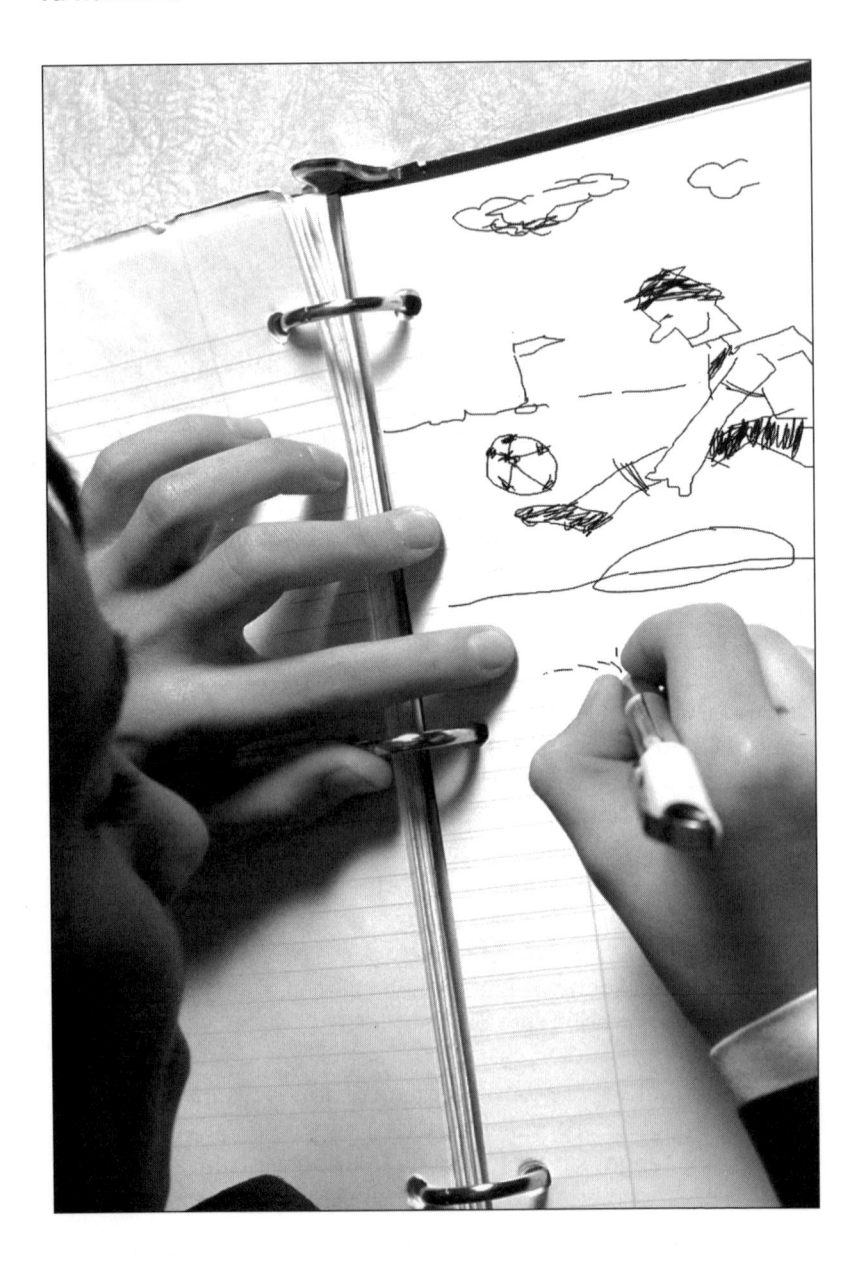

QUÉ PUEDEN HACER LOS PADRES

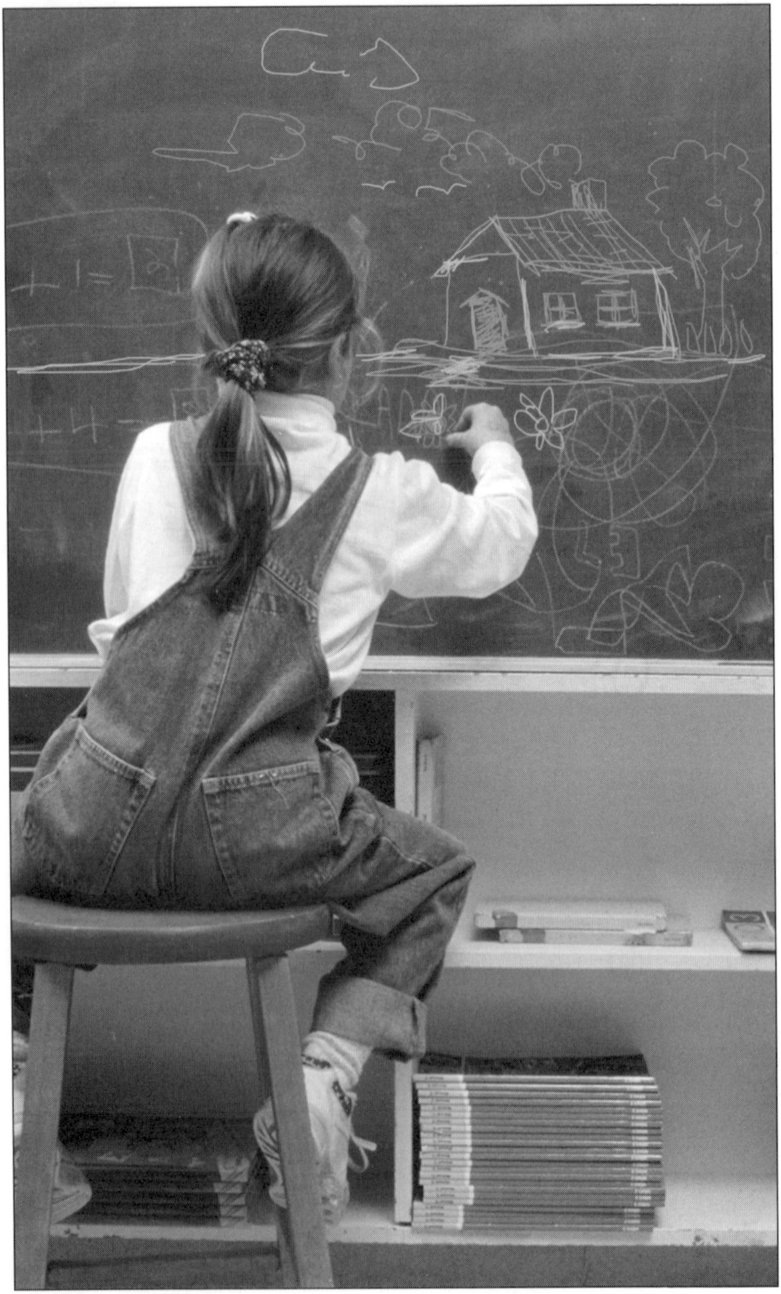

6. Fomentar el dibujo libre en la casa y en la escuela

Este último capítulo viene a ser un resumen y conclusión de todos los anteriores, en los que hemos venido haciendo hincapié acerca de la enorme importancia que tiene la expresión gráfica libre para el niño, tanto en la casa, como en la escuela.

Por una parte hemos analizado las situaciones que tradicionalmente han supuesto una restricción de la libertad, sin encontrar bases sólidas que la justifiquen.

Hemos encontrado que el dibujo libre es para el niño juego y medio de comunicación, para los educadores medio de desarrollo de la inteligencia, la motricidad y el sentido estético. Para los psicólogos medio de expresión de sentimientos, y de elaboración de conflictos. Se nos presenta el dibujo libre como un instrumento de enorme riqueza y nos atrevemos a proponer, que para no perder ninguno de sus valores y aprovecharlos al máximo, habría que fomentar el dibujo libre en la casa y en la escuela.

Para el niño, dibujar es una actividad natural, espontánea como el juego, pero que necesita, al igual que éste, que el medio ambiente le proporcione los instrumentos imprescindibles para llevarlo a cabo. No hace falta estimular al niño a que dibuje o juegue, pues el deseo y la necesidad le llevan a hacerlo, pero sí favorecerlo y permitirlo. Se puede jugar sin juguetes, pero no se puede dibujar sin los útiles adecuados. Se puede dibujar sin disponer de mucho espacio. Sirve el suelo, la mesa para apoyar la hoja de papel, o la pizarra en la pared, pero no jugar sin ocupar un lugar amplio en la casa.

En la actualidad los niños disponen cada vez de más juguetes, muchos padres son conscientes de que el exceso de juguetes es contraproducente, pues inhibe y bloquea al niño, que no sabe a qué jugar, y también son conscientes de que ese exceso proviene de un sometimiento a la publicidad producida por una sociedad consumista, en definitiva, por una falta de libertad, pero se dan menos cuenta de que no hay espacio para jugar: la calle se ha convertido en un lugar lleno de peligros y las casas actuales no siempre pueden ofrecer un sitio suficientemente amplio para que jueguen los niños. Han desaparecido el "cuarto de jugar" y la "calle para jugar" que llevaban consigo amplitud y libertad.

Por otra parte, la escuela, preocupada y desbordada por la multiplicación de los saberes, va restringiendo el recreo, para ocupar este tiempo tan formativo, con más recepción de información.

El dibujo libre no necesita espacios imposibles en la casa, sólo instrumentos al alcance de todas las familias: lapiceros, pinturas, gises, papeles, pizarra... En la escuela, el tiempo dedicado a la educación artística o estética, puede cumplir sus funciones perfectamente utilizando el dibujo libre. No es necesario ampliar el horario, ni reducir el tiempo destinado a otras actividades. Sería equivocado y absurdo pretender excluir la adquisición de conocimientos como objetivo de la educación, pero pensamos que es tan importante para el niño adquirir libertad de expresión, como reunir información. Se complementan y necesitan ambas, pues como dice Lowenfeld[8], el conocimiento no utilizado carece de valor y solamente lo usará el niño en el que se haya despertado y desarrollado el sentido de la urgencia y de la libertad para utilizarlo. La casa puede y debe favorecer el dibujo libre de los niños para contrarrestar el hecho de que en la escuela se

---
[8] LOWENFELD, V.: **Desarrollo de la capacidad creadora**. Kapelusz, 1972.

convierta en tarea lo que hasta entonces había sido juego, y conseguir también que sea un vehículo de su desarrollo armónico, un medio de expresión de sentimientos, un instrumento de comunicación y una fórmula de elaboración y resolución de conflictos.

Para ello, sólo debe poner a disposición del niño los instrumentos necesarios y estimularle con su aprobación a que lo realice. Que el niño encuentre en los padres a los interlocutores de su comunicación. Así, a través de los dibujos podrá expresar sentimientos y deseos que no se atreve a sacar por otros medios, pues traerían por respuesta la censura, el castigo y los sentimientos de culpa. Podrá hacer preguntas acerca de dudas y problemas que tiene planteados y que no es capaz de decir con palabras. No olvidemos que su lenguaje es en muchas ocasiones pobre e insuficiente. Más aún, expresará conflictos que ni siquiera son conscientes, pues están cargados de dolor y angustia. Los padres podrán ayudarle a elaborar y resolver sus conflictos si conocen y comprenden sus sentimientos, problemas y dudas. Es simplemente una actitud receptiva y comprensiva lo que el niño necesita para abrirse y comunicarse, basta un "cuéntame lo que has dibujado", que responda a un interés real.

Esta comunicación se romperá o no llegará a aparecer nunca, si se interfiere su expresión libre proponiendo modelos para copiar, o calificando sus realizaciones con baremos de adulto, o expresando desinterés y falta de comprensión ante sus producciones.

Debemos tener presente que la creación gráfica no tiene que ser genial para ser útil, y que con ella no pretendemos conseguir artistas en pintura, sino algo probablemente mucho más importante y valioso: individuos **más expresivos, comunicativos, libres y sanos**. Es sin duda una inversión rentable, con muy poco podemos conseguir mucho.

La escuela, por su parte, también puede y debe favorecer y fomentar la expresión gráfica libre. El argumento de que el niño debe adaptarse a la realidad, y ser capaz de conocerla y reproducirla, no justifica de ninguna manera el exceso de modelos para reproducir con que se ahoga la libertad de expresión, la capacidad creadora de los alumnos. Bastantes modelos le propone el ambiente que le rodea, está cercado por ellos, el mundo exterior lleno de personas, animales y objetos reales, las ilustraciones y fotografías de los cuentos, revistas y libros, la televisión con sus imágenes de realidad y fantasía; constituyen un cúmulo de modelos que está recibiendo sin cesar, de manera permanente y continuada y de cuya fuerza no nos cabe duda. De lo que sí nos atrevemos a dudar, es de nuestra capacidad para contrarrestar este sometimiento, esta dependencia, este doblegamiento a los modelos que a través de estos cauces son recibidos y asimilados por los niños. Si la escuela también fomenta esta actitud de copia, no tiene derecho a quejarse de la pasividad, de la falta de expresión, la ausencia de espíritu crítico, capacidad de tomar decisiones, de elegir, y el desinterés con que se **enfrentan** los alumnos a las tareas escolares.

Sería falso decir que la solución de este grave problema está en fomentar y favorecer exclusivamente el dibujo libre o incluso la expresión artística libre. La complejidad de funciones y actividades de la escuela le permite plantearse esta situación y buscar su salida desde muchos más ángulos y por múltiples vías. Pero no por ello vamos a desterrar ésta, aunque sólo sea una pequeña aportación, ya es algo.

El primer paso, de índole absolutamente práctico, **sería desterrar las calificaciones del dibujo libre**. Si lo puntuamos con un "10" o un "muy bien", el niño tenderá a repetirlo de manera global o parcial para seguir consiguiendo esa buena nota, que le indica la aprobación (subjetiva) del profesor por lo que ha dibujado. La situación contraria es aún más dañina, una mala nota ¿es válida, es justa? ¿Por qué al adulto no le "gusta" lo que el niño ha dibujado? ¿Por qué hay falta de proporciones, desarmonía, pobreza, uso "irreal" de los colores? Si lo que el niño siente y expresa sólo se puede comunicar de esta manera, no

6. Fomentar el dibujo libre en la casa y en la escuela

tenemos derecho a impedirle que continúe haciendo dibujos "feos", que no nos gustan, porque expresan sentimientos negativos. La función del maestro, en este caso, será intentar comprender al niño a través de estas comunicaciones y buscar la manera de ayudarle a salir de esta situación, pero nunca negarle la posibilidad de sacar en el dibujo lo que le angustia y le da miedo.

El dibujo de la figura 13, hecho por una niña de seis años, en clase, no tiene calificación, porque la profesora no propuso este tema con una actitud de valoración, sino como un medio de acercamiento y comprensión de las cosas que a sus alumnos les daban miedo. Con esto, ella consiguió una fuente de información importante, y los niños fueron capaces de hacer presentes algunos de los "objetos" que eran causa de su temor. Acercarse a lo negativo, y plasmarlo en el papel, recreándolo, constituye, sin duda, un paso para aprender a dominarlo. El fantasma, la bruja y la serpiente dibujados en la hoja, están controlados, no dan miedo a quien los ha dibujado, pues al hacerlo los ha dominado y se ha hecho más fuerte que ellos.

La escuela puede argumentar que el objetivo fundamental de la educación en el área de la expresión plástica es conseguir que el niño aprecie la belleza y sea capaz de realizar trabajos dentro de las normas de armonía de color, forma y proporciones.

Una opinión tomada de Piaget[9] nos va a servir como apoyo de nuestro planteamiento: "la educación artística debe ser, ante todo, la educación de la espontaneidad estética y de esta capacidad de creación cuya presencia el niño ya manifiesta; y menos todavía que cualquier otra forma de educación puede contentarse con la transmisión y la aceptación pasiva de una verdad o de un ideal completamente elaborados. La belleza, como la verdad, no tiene valor si no es recreada por el sujeto que la logra".

---

[9] PIAGET, J.: **L'éducation artistique et la Psychologie de d'enfant** en "Art et Education".

Figura 13

6. Fomentar el dibujo libre en la casa y en la escuela 71

La copia que se realiza por imposición, es terminación, final y muerte, "la formación es vida" y la educación artística, tiene en sus manos el impulsar al niño a "recrear la belleza"[10] permitiendo que sea él quien la logre, que sea algo vivido y sentido por él.

La educación artística no tiene que renunciar a la belleza y a la armonía, pero tampoco puede imponer normas estrictas y modelos inamovibles para conseguir este fin, pues de esta manera la belleza y la armonía serían falsas al no ser vividas, sino únicamente reproducidas y copiadas. Privar de libertad a la expresión gráfica no consigue sujetos más sensibles a la belleza, sino probablemente todo lo contrario.

El niño que prueba nuevas formas, mezcla de colores, disposiciones en el espacio, ayudado en el manejo de las técnicas por su profesor, busca la belleza al tiempo que mejora su capacidad expresiva y creadora. Se alegra con cada avance en los dos caminos, ya que el niño no es impermeable a lo que en el mundo que le rodea se considera bonito o feo.

Pero volvemos a insistir en que cuando lo que quiere expresar es negativo, debemos dejarle que haga dibujos "feos" porque sin este "permiso" no existirían los "Fusilamientos del 3 de mayo" y los "Disparates" de Goya o el "Guernica" de Picasso y... ¿Acaso podrían expresarse los sentimientos que subyacen en ellos de forma "bonita"?

Si estamos convencidos de que el proceso creador es mucho más importante para la formación del niño que el resultado, aquí y ahora, de su obra, seremos capaces de ayudarle en su búsqueda de nuevas soluciones, estimulándole a emprender de nuevo el camino y no censurándole cuando cometa errores o se quede bloqueado en un callejón sin salida. Tarea, sin duda, más difícil y de mayor entrega, que la de calificar con un número o una palabra el trabajo realizado.

---

[10] Ibidem.

Para terminar haremos hincapié en un valor del dibujo libre del que ya hemos hablado, pero que nos parece que desgraciadamente es el menos conocido, el menos aprovechado, y que puede cumplir una función, tan importante y necesaria hoy, como la de favorecer y promover el equilibrio emocional, la salud mental.

Es en el dominio del dibujo libre donde la creatividad infantil alcanza los más notables resultados, y por tanto es a través de su ejercicio donde el niño puede aprovecharse mejor de su función de higiene mental, individual, colectiva y social.

Ya hemos hablado de cómo el dibujo libre puede ser motor del equilibrio emocional, de la salud mental, pues al permitir al individuo expresar sus sentimientos más conflictivos de manera socialmente aceptada, le descarga de tensiones, le relaja. En segundo lugar estimula un elemento relevante en el ser humano, social por naturaleza, al favorecer un tipo de comunicación interpersonal profunda y enriquecedora. Por último en lo que llamamos su valor terapéutico por excelencia, aunque los anteriores también lo son, el dibujo libre es un vehículo inmejorable para elaborar los conflictos emocionales y buscarles solución.

Todos estos valores del dibujo libre se han planteado desde un punto de vista individual y hemos dejado para tratarlo aparte su función de higiene mental, social y colectiva.

En el momento actual, los niños viven rodeados, absorbidos, asediados por la cultura de la imagen. La televisión ha tomado posesión de los hogares y nuestros hijos pasan ¿cuántas horas?, pegados, inmóviles, delante del aparato de televisión. La enorme fuerza de la imagen les coloca en una actitud pasiva, receptiva, de la que es muy difícil que sean capaces de salir. No es muy frecuente el niño que selecciona los programas que le interesan. La mayor parte de ellos, ven todo lo que sus padres les permiten ver. La solución no es acometer violentamente contra la televisión, haciéndole responsable de todos los defectos que

6. Fomentar el dibujo libre en la casa y en la escuela

nuestra sociedad tiene, sino impulsar al niño que ha estado como espectador pasivo a recrear las imágenes que ha recibido, ya sea por medio del comentario en la conversación, o por medio del dibujo libre, donde puede transformarlas y hacerlas suyas y después de haberlas pensado y sentido, vivirlas.

La creciente tecnificación de nuestra sociedad, el dominio de la cibernética y el automatismo del trabajo, ha dado como resultado, en el terreno de la fantasía y de la ciencia-ficción, la aparición del hombre-máquina, del robot humano, programado para responder y actuar siempre correctamente y de acuerdo con un código previamente establecido. Pero ¿no tenemos miedo en el fondo a que este desarrollo, si no se controla, llegue a dominarnos?, o quizás estamos ya en parte supeditados a él.

Hoy más que nunca, la sociedad necesita individuos creativos que sean capaces de utilizar la libertad, y para ello hay que promover el desarrollo de la capacidad creadora en la infancia.

La casa y la escuela no siempre favorecen esta creatividad e intentan justificarse en la falta de tiempo. Probablemente sea tiempo perdido el que se utiliza para responder a una pregunta de un niño con una respuesta absoluta, mientras que será útil y rentable el que se invierta en responder con preguntas que le lleven a descubrir por sí mismo la respuesta.

A modo de conclusión nos atrevemos a pedir desde aquí a padres y educadores que el dibujo libre se desarrolle sin restricciones para que, como excelente vehículo de la capacidad creadora del niño, pueda formar individuos más capaces de expresarse y de comunicarse, pues con ello mejorará el equilibrio de su personalidad.

Bibliografía

BOUTONIER, J.: *El dibujo en el niño normal y anormal.* Paidós. Buenos Aires, 1968.

CORMAN, L.: *El test del dibujo de la familia.* Kapelusz. Buenos Aires, 1967.

LOWENFELD, V.: *El niño y su arte.* Kapelusz. Buenos Aires, 1958. *Desarrollo de la capacidad creadora.* Kapelusz. Buenos Aires, 1972.

LUQUET, G. H.: *El dibujo infantil.* A. Redondo. Barna, 1972.

WIDLOCKER, D.: *Interpretación de los dibujos de los niños.* Guadarrama. Madrid.

Índice

C
Capacidad para discriminar y elegir, 28
Comprender lo que quiere comunicar, 19
Creación, 46

D
Desarrollo del sentido estético, 28
capacidad para discriminar y elegir, 28
Desterrar las calificaciones del dibujo libre, 68
Dibujo, El,
 como juego, 17
 como medio de comunicación, 19
 de la figura humana, 55

E
Etapas evolutivas del dibujo infantil, 45
 garabato, 45
 paso al realismo fortuito, 46
 realismo intelectual, 49
 realismo malogrado, 47
 realismo visual, 53
Evolución del dibujo infantil, 45

F
Figura humana, el dibujo de la, 55
Fomentar el dibujo libre en la casa y en la escuela, 65

G
Garabato, 45

I
Imagen corporal, 55
Indicadores emocionales, 24
Individuos más expresivos, comunicativos, libres y sanos, 67
Inteligencia, La, 23
Items evolutivos
 bastante comunes, 24
 comunes, 24
 esperados, 24
 excepcionales, 24

M

Medio de elaboración de conflictos
  valor catártico, valor terapéutico, 39
Medio de expresión de sentimientos, 31
  plano gráfico, 34
  ¿qué es la proyección?, 32
  tamaño, 35
  tipo de trazo, 34
  valor proyectivo, 31
Motricidad, La, 26

P

Paso al realismo fortuito, 46
Plano gráfico, 34

Q

¿Qué es el dibujo?
  para el niño, 17
  para los educadores, 23
  para los psicólogos, 31
  ¿Qué pueden hacer los padres?, 63
  fomentar el dibujo libre en la casa y en la escuela, 65

R

Realismo
  intelectual, 49
  malogrado, 47
  visual, 53

S

Sector de la página, 35

T

Tamaño del dibujo, 35
Tipo de trazo, 34

C54/E1/R5/04
Esta edición se terminó de imprimir en septiembre de 2004 Publicada por ALFA OMEGA GRUPO EDITOR, S.A. de C.V. Apartado Postal 73-267, 03311, México, D.F. La impresión y encuadernación se realizaron en LA IMPRENTA EDITORES LTDA. Colombia, Bogotá. D.C.